खुदीराम बोस

(जीवन कथा)

खुदीराम बोस

लक्ष्मेन्द्र चोपड़ा

श्रृंखला सम्पादक
लीलाधर मंडलोई

वाणी प्रकाशन ग्रुप
भारतीय ज्ञानपीठ
वाणी प्रकाशन : भारतीय ज्ञानपीठ की पुस्तकों के एकमात्र प्रकाशक एवं वितरक

सजिल्द पहला संस्करण : 2017
सजिल्द दूसरा संस्करण : 2024

शिक्षोदय ग्रन्थमाला : ग्रन्थांक 046

प्रकाशक
वाणी प्रकाशन ग्रुप
4695, 21-ए, दरियागंज, नयी दिल्ली-110 002
फ़ोन : 011-23273167, 23275710
ईमेल : sales@vaniprakashan.in

ISBN 978-93-263-5533-9

खुदीराम बोस
(जीवन-कथा)
लक्ष्मेन्द्र चोपड़ा

KHUDIRAM BOSE
(Jeevan-Katha)
by Laxmendra Chopra

मुद्रक : आर. टेक ऑफ़सेट प्रिंटर्स, दिल्ली-110 032

Price: 295

भारत के भविष्य : युवा साथियों के लिए

मेरी बात

खुदीराम बोस ने बचपन में ही यह विचार कर लिया था कि वे एक दिन उन अँग्रेजों के खिलाफ लड़ेगें जरूर, जिन्होंने भारत देश के लोगों के साथ दमनकारी नीति अपनायी हुई है। वे देश के लिए जेल जाएँगे और देश की खातिर अपने प्राणों की आहुति भी देंगे। शायद, इस कारण ही वे शुरू में ही क्रान्तिकारी गतिविधियों में शामिल होने का माध्यम ढूँढ़ते रहे। और जब उन्हें मौका मिला तो वह उसे उन्होंने करके भी दिखाया। मैंने इस जीवन कथा के माध्यम से यह कोशिश की है कि खुदीराम का जीवन सरल और सुबोध भाषा में हो, ताकि देश के बच्चे और युवा वर्ग इस जीवन कथा को ठीक से समझ सकें।

खुदीराम बोस ने वह कर दिखाया, जिसे लम्बी उम्र वाले लोग करने को ज़िन्दगी भर लालायित रहते हैं। वह आज़ादी के पहले का दौर था, जब देश को खुदीराम बोस जैसे साहसी और निर्भीक युवाओं की सख्त जरूरत थी। खुदीराम बोस ने अपने आपको देश के हवाले कर दिया और हमेशा-हमेशा के लिए अमर हो गये।

मुझे पूरा विश्वास है कि देश की नयी पीढ़ी इस जीवन कथा को चाव से पढ़ेगी।

—लक्ष्मेंद्र चोपड़ा

मैं मातृविहीन हूँ, मेरी मातृभूमि ही मेरी माता है, वह इतने कष्ट में क्यों है ? मैं जानना चाहता हूँ कि मैं अपनी मातृभूमि की स्वतन्त्रता के लिये क्या कर सकता हूँ। मुझसे अपनी माता के कष्ट नहीं देखे जाते, मैं अपनी मातृभूमि के लिए कुछ करना चाहता हूँ।

—खुदीराम बोस

खुदीराम बोस

03 दिसम्बर, 1889। बंगाल के मिदनापुर ज़िले के मोहबनी गाँव में दिन ढल रहा था। ठंडे मौसम की शाम में घर की बड़ी बेटी अपरूपा अपनी दो छोटी बहनों सरोजिनी और ननीबाला के साथ घर के बाहर कुछ चिन्तित-सी बैठी थीं। माता लक्ष्मी प्रिया घर के अन्दर थीं। पिता त्रैलोक्य नाथ अपने स्वामी राजा नारजोल के तहसीलदारी काम के सिलसिले में अपने घर से बाहर गये हुए थे। गाँव की प्रथा के

खुदीराम बोस

अनुसार कई महिलाएँ भी वहाँ अपरूपा के साथ थीं। इसी बीच मंगलध्वनि के साथ शाम पाँच बजे के आसपास परिवार की एक वृद्ध महिला ने जोर-जोर से परात बजाना शुरू कर दिया। इसके साथ ही किशोरी अपरूपा और उसकी दोनों बहनें हर्ष व प्रसन्नता से उछल पड़ीं। यह उनके घर उनके नन्हें शिशु भाई के आने का उल्लास था। यही शिशु आगे चलकर खुदीराम बोस के नाम से मशहूर हुआ था।

खुदीराम के पिता त्रैलोक्य नाथ नारजोल राजा के दरबार में तहसीलदार के पद पर नियुक्त थे। माता लक्ष्मी प्रिया देवी धार्मिक विचारों की गृहणी थीं। उनकी तीन पुत्रियाँ थीं। दो पुत्र भी हुए थे, जिनकी बाल्यावस्था में ही मृत्यु हो गयी थी। यही कारण था कि पूरे परिवार को एक पुत्र की प्रतीक्षा थी।

खुदीराम को उनके माता-पिता तथा तीनों बहनों ने देवी काली के आशीर्वाद के रूप में ग्रहण किया। सभी ने शिशु का स्वागत किया, परिचितों में सन्देश पहुँचाया और सभी के बीच मिष्ठान वितरित किया गया।

खुदीराम के जन्म के साथ ही उनकी दीर्घायु तथा शुभ मंगल की कामना से एक भाई के रूप में उनकी सबसे बड़ी बहन अपरूपा ने शिशु को तीन कटोरी टूटे चावलों की खुद्दी के बदले खरीद लिया। तब किसे पता था कि इस शिशु की नियति में अपरूपा के स्नेह की छाँव ही लिखी हुई है।

अपरूपा देवी ने स्वयं इस सम्बन्ध में लिखा है:

''03 दिसम्बर, 1889 दिन मंगलवार, शाम पाँच बजे मेरे नन्हे भाई का जन्म हुआ। पिता त्रैलोक्य नाथ, माँ लक्ष्मी देवी के साथ हम तीनों बहनों के लिये यह बड़ी प्रसन्नता का दिन था। इससे पहले

हमारे दो भाई इस संसार में नहीं रहे थे। इसलिए जब इस नन्हें भाई ने जन्म लिया तो हम सब बहुत प्रसन्न हुए। मैंने अपने नवजात शिशु भाई को तीन कटोरी चावल के टुकड़ों की खुद्‌दी के बदले खरीद लिया। यह एक रिवाज था कि अगर किसी परिवार में लड़के जीवित नहीं रहते थे, तो आने वाले शिशु को उसकी माँ किसी को बेचने का टोटका करती थी। इसी के चलते मैंने तीन कटोरी चावलों की 'खुद्‌दी' देकर अपने शिशु भाई को खरीद लिया। इसी कारण उसका नामकरण "खुदीराम" पड़ा।

गुलामी का अर्थ

सन् 1896 में बालक खुदीराम की आयु मात्र छः वर्ष की थी। इतनी छोटी-सी ही आयु में यह बालक अपने माता-पिता की मृत्यु देख

खुदीराम बोस की बहन अपरूपा और उनके पति

चुका था। इसी कारण बालक के मन में चुप्पी के साथ-साथ विद्रोह के बीज भी पनप रहे थे। बड़ी बहन अपरूपा देवी बालक को अपने साथ हाटगछिया ले आयी। अपरूपा देवी का एक बेटा ललित भी था जो खुदीराम से लगभग दो वर्ष छोटा था। खुदीराम हाटगछिया में ललित के साथ अपने माता-पिता के देहान्त के दुख को भूलने का प्रयास करने लगा।

लेकिन बालक खुदीराम के स्वभाव में विद्रोह तथा तर्क की प्रवृत्ति बढ़ने लगी। अपनी समझ के अनुसार वह अपने आसपास घट रही घटनाओं को भी समझना चाहता था।

एक दिन बालक खुदीराम बाजार में था। तभी एक अँग्रेज हलवाई की दुकान पर मिष्ठान खरीदने आया। मिठाई खरीदने के बाद वह बिना दाम चुकाये जाने लगा, दुकानदार ने बहुत विनीत भाव से जब मिठाई के दाम माँगे तो अँग्रेज क्रुद्ध हो गया। उसने दुकानदार की पिटाई करना शुरू कर दी। वह बुरी तरीके से दुकानदार को पीटने लगा। पूरे बाज़ार में किसी ने भी उस अँग्रेज को रोकने का साहस नहीं किया और वह दुकानदार रक्त-रंजित अवस्था में उस अँग्रेज से अपने प्राणों की भीख माँगता रहा।

बालक खुदीराम को यह दृश्य देखकर बहुत दुख हुआ। उसे समझ नहीं आ रहा था कि इतने भारतीय लोगों के बीच एक अकेला अँग्रेज इस भारतीय दुकानदार को कैसे पीट रहा है? कोई भी उसे बचाने का साहस क्यों नहीं कर रहा?

घर आ कर बालक खुदीराम ने यही प्रश्न अपनी बड़ी बहन अपरूपा देवी से पूछा।

अपरूपा देवी ने कहा—"खुदी तुम अभी बालक हो, बड़े हो कर अपने-आप समझ जाओगे- ये सब।"

खुदीराम इस उत्तर से संतुष्ट नहीं हुआ, उसने पूछा— "उस अँग्रेज ने मिठाई खरीद कर दाम भी नहीं चुकाये! दुकानदार को बुरी तरह से पीटा भी! दीदी, यह अन्याय क्यों?"

अपरूपा देवी ने उदास स्वर में उत्तर दिया—"क्योंकि हम भारतीय अँग्रेजों के गुलाम हैं।"

भारत में अँग्रेजों के अधीन देश की गुलामी का इतिहास बंगाल से ही आरम्भ होता है। अँग्रेजों की ईस्ट इंडिया कम्पनी के साम्राज्य की शुरुआत इसी प्रदेश से शुरू हुई थी। मुगल सम्राट शाहजहाँ से सन् 1634 में अँग्रेजों ने कोलकोत्ता में व्यापार करने की अनुमति प्राप्त की थी। सन् 1643 में शाहजहाँ की पुत्री शहज़ादी जहाँआरा एक अग्नि दुर्घटना में जल गयी। उसकी चिकित्सा एक अँग्रेज डॉक्टर गेवरिल बाउटन ने की। शहज़ादी के ठीक हो जाने पर डा. बाउटन ने बादशाह से ईस्ट इंडिया कम्पनी के लिये कई सुविधाएँ प्राप्त कर लीं।

सन् 1746 में अँग्रेज कर्नल मिल ने बंगाल को लूटने का षड्यंत्र तैयार किया। अँग्रेजी साम्राज्यवादी इरादों को स्पष्ट करते हुए उसने लिखा था कि:

"बंगाल के नवाब अलीवर्दी खाँ के खजाने में तीन करोड़ पाउंड, अर्थात पचास करोड़ रुपये भरे हुए हैं। बंगाल की सालाना आमदनी ही बीस लाख पाउंड के करीब है। उसका बंगाल राज्य समुद्र से लगा हुआ है। तीन जहाजों के दो हजार सैनिक ही बंगाल को जीत सकते हैं।"

कर्नल मिल की इस आँग्ल साम्राज्यवादी योजना को ईस्ट इंडिया

कम्पनी के कर्णधारों ने षड्यंत्रों द्वारा मूर्तरूप देना शुरू किया। यहीं से अँग्रेजों की "फूट डालो राज करो" की कुटिल चालों द्वारा भारतीयों को विभाजित कर उन्हें गुलाम बनाने की धूर्तता शुरू कर दी।

सुप्रसिद्ध कवयित्री सुभद्रा कुमारी चौहान ने कितना सही लिखा है:

अनुनय विनय नहीं सुनती है, विकट शासकों की माया,
व्यापारी बन दया चाहता था, जब यह भारत आया,
डलहौज़ी ने पैर पसारे, अब तो पलट गयी काया,
राजाओं नव्वाबों को भी उसने पैरों ठुकराया।

रानी दासी बनी, बनी यह दासी अब महारानी थी,
बुंदेले हरबोलों के मुँह हमने सुनी कहानी थी,
खूब लड़ी मर्दानी वह तो झाँसी वाली रानी थी॥

अलीवर्दी खाँ और अँग्रेज

इतिहासकार मानते हैं कि भारत में ईस्ट इंडिया कम्पनी के राज्य की शुरुआत प्लासी के युद्ध में नवाब सिराजुद्दौला के नेतृत्व में हिन्दुस्तानियों की हार के बाद ही हुई थी।

10 अप्रैल 1756 को बंगाल के नवाब अलीवर्दी खाँ की मृत्यु के बाद 24 वर्षीय सिराजुद्दौला को अपने नाना की नवाब की गद्दी प्राप्त हुई। उस समय ईस्ट इंडिया कम्पनी का लार्ड क्लाइव अपनी छल-कपट भरी नीतियों से बंगाल पर कब्ज़ा करना चाहता था। सिराजुद्दौला उदार तथा सरल स्वभाव का युवक था। अँग्रेजों ने उसकी सरलता का लाभ उठाकर उसके प्रधान सेनापति मीर जाफर को लोभ देकर विश्वासघात के लिये तैयार कर लिया। अँग्रेजों के

छल–कपट से अनजान सिराजुद्दौला की सेना का 23 जून, 1757 को मुर्शिदाबाद से बीस मील दूर पलाश वृक्षों के एक वन में अँग्रेजों की सेना से सामना हुआ। इस युद्ध में अपने ही सेनापतियों के विश्वासघात के कारण सिराजुद्दौला की हार हुई। 30 जून, 1757 को अँग्रेजों की साज़िश के कारण वह अपने ही रिश्तेदारों के हाथों मारा गया। इसके साथ ही हिन्दुस्तान में अँग्रेजों की ईस्ट इंडिया कम्पनी के राज्य की शुरुआत हुई। सन् 1857 के पूर्ण स्वदेशी प्रथम भारतीय स्वंतत्रता संग्राम की असफलता के बाद कम्पनी के शासन के स्थान पर इंग्लैंड के अँग्रेजी साम्राज्य का भारत पर सीधा राज्य हो गया। अँग्रेजी साम्राज्यवाद की इस गुलामी से हम 15 अगस्त, 1947 को ही स्वतंत्र हो पाये।

बंगाल के नवाब अलीवर्दी खाँ

बंगाल अँग्रेजी साम्राज्यवाद का पहला शिकार था। इस कारण अँग्रेजों की छल नीति की टीस वहाँ हमेशा बनी रही।

सन् 1773 में ब्रिटिश दासता, बंगाल में ज़मीनदारी की अन्यायपूर्ण व्यवस्था भी ले कर आयी। बंगाल, बिहार तथा उड़ीसा प्रान्तों में भूमि कर राशि इकट्ठा करने के लिये अँग्रेजों ने यह अत्याचारी ज़मीनदारी प्रथा लागू की। इसके साथ ही विदेशी अँग्रेज शासकों ने साधारण किसानों के सदियों पुराने नैसर्गिक भू-सम्पत्ति अधिकार, ज़मीनदारों के माध्यम से छीन लिये। ज़मीनदारी प्रथा लागू होने के कारण भारतीय समाज में विषमता, दरिद्रता, परस्पर अविश्वास तथा अन्याय का विस्तार हुआ।

किशोरावस्था की ओर बढ़ता खुदीराम का मन कई विद्रोही प्रश्न करता:—"हम भारतीय अँग्रेजों के गुलाम क्यों हैं ?" उन्हीं दिनों उसे पढ़ने के लिये उपन्यास "आनंद मठ" मिला। "आनंद मठ" ने उसे जीवन की नई दिशा दी।

खुदीराम बोस पर आनंदमठ का प्रभाव

स्वतंत्र भारत का राष्ट्रगान "जन गण मन" है। इसकी रचना गुरुदेव रवीन्द्रनाथ ठाकुर ने सन् 1911 में की थी। इसे सर्वप्रथम 27 दिसम्बर 1911 को कोलकोता में आयोजित काँग्रेस के राष्ट्रीय अधिवेशन में गाया गया था। भारत की संविधान सभा ने 24 जनवरी 1950 को "जन गण मन" को भारत के राष्ट्रगान के रूप में अपनाया।

भारत का संविधान-स्वीकृत राष्ट्रगीत "वन्दे-मातरम्" है। राष्ट्रगीत का अर्थ है ऐसा देशभक्तिपूर्ण संगीतबद्ध गीत जो राष्ट्र के इतिहास, संस्कृति, परम्परा और संघर्षों का प्रेरक वर्णन करता है।

बंकिमचन्द और उनके उपन्यास आनन्द मठ का कवर पेज

"वन्दे-मातरम्" के रचयिता सुप्रसिद्ध बाँग्ला उपन्यासकार स्व. बंकिमचन्द्र चट्टोपाध्याय हैं। इसका प्रथम प्रकाशन सन् 1882 में उनके उपन्यास "आनंद मठ" में एक गीत के रूप में हुआ था।

"आनंद मठ" मूलतः बाँग्ला भाषा का उपन्यास है। देशभक्ति तथा देश के लिये बलिदान हो जाने व अत्याचारों के विरुद्ध सशस्त्र संघर्ष की प्रेरणा देने वाला यह उपन्यास भारतीय स्वतंत्रता संग्राम के क्रान्तिकारियों के बीच अत्यन्त लोकप्रिय था।

"आनंद मठ" उपन्यास में बंगाल में 1773 ई. में भारत की गुलामी के विरुद्ध किये गये सशस्त्र संन्यासी विद्रोह की राष्ट्रीय भावनाओं को आधार बनाया गया है।

संन्यासी विद्रोह बंगाल में ईस्ट इंडिया कम्पनी के अँग्रेज शासकों

तथा उनके द्वारा नियुक्त देशी ज़मीनदारों के अत्याचारों के विरुद्ध सशस्त्र विप्लव था। सन् 1764 में बंगाल में ऐसी कई घटनाएँ घटीं, जिन्होंने युवाओं को संन्यास और विद्रोह की ओर आकर्षित किया। इनमें प्रमुख थीं ईस्ट इंडिया कम्पनी के देसी सिपाहियों के लिए कुछ नए सैनिक नियमों को बदलने की माँग के लिये की गयी हड़ताल, जो कम्पनी के अँग्रेज अफसरों के दमन के कारण बाद में विद्रोह में बदल गयी। दूसरी, अँग्रेजों द्वारा ज़मीनदारी प्रथा की तैयारियों के चलते किसानों का शोषण। इसी दशक में बंगाल का भीषण दुर्भिक्ष (अकाल) आया, जिसमें बंगाल, बिहार तथा उड़ीसा की एक तिहाई जनसंख्या नष्ट हो गयी। इन भयंकर परिस्थितियों में भारतीयों पर बढ़ते अँग्रेजों के अत्याचारों ने बंगाल में संन्यासी विद्रोह का सूत्रपात किया।

अँग्रेजों के अत्याचारों के विरुद्ध बंगाल में लगभग सात हजार संन्यासियों का सशस्त्र संगठन तैयार हो गया। इस विप्लवी संगठन में मुस्लिम सूफी फकीर भी शामिल हो गये। इनके पास तलवारें, भाले तथा धनुष-बाण थे। ये ज़मीनदारों, शासकों से कर वसूलने लगे। कर नहीं देने वाले इनके आक्रमणों तथा लूट के शिकार होते थे।

मातृभूमि को समर्पित इस सशस्त्र संन्यासी विद्रोह ने अँग्रेजी शासकों के छक्के छुड़वा दिये। अनेक अँग्रेज अधिकारी इनके साथ युद्ध में मारे गये। ईस्ट इंडिया कम्पनी की कई कोठियों पर विप्लवी संन्यासी दल के ध्वज लहराने लगे।

स्व. बंकिम चन्द्र चट्टोपाध्याय द्वारा रचित उपन्यास में विप्लवी संन्यासी विद्रोह के इन्हीं प्रश्नों को उठाया गया था—विदेशी अँग्रेज व्यापारी भारतीयों के स्वामी कैसे बन सकते हैं?

ईस्ट इंडिया कम्पनी और उनके द्वारा नियुक्त ज़मीनदार भारत के किसानों से लगान कैसे वसूल सकते हैं? अँग्रेज शासकों के अत्याचारों का विरोध सशस्त्र संग्राम द्वारा ही किया जा सकता है। इसी उपन्यास में ''वन्दे-मातरम्'' गीत संन्यासी भवानन्द द्वारा मातृ वन्दना के रूप में गाया गया है:

वन्दे मातरम्।
सुजलाम् सुफलाम्
मलयज शीतलाम्
शस्य श्यामलाम मातरम्।
वन्दे मातरम्॥

शुभ्रज्योत्सना पुलकित यामिनीम्
फुल्ल कुसुमित द्रुमदल शोभिनीम्
सुहासिनीम्
सुमधुर भाषिणीम,
सुखदाम् वरदान् मातरम्।
वन्दे मातरम्॥

संन्यासी और किशोर खुदीराम

सन् 1904 की शीत ऋतु की शाम थी। खुदीराम स्वामी विवेकानंद साहित्य का अध्ययन कर रहा था। तभी द्वार पर एक वृद्ध भिक्षुक आया। वह भयानक शीत से ठिठुर रहा था। किशोर खुदीराम उसके कष्ट से दुखी हो गया। तभी उसे याद आया कि उसके पास एक मूल्यवान दुशाला है। यह पशमीना का दुशाला उसके पिता को राजा

नारजोल ने भेंट में दिया था। खुदीराम ने वह दुशाला उस भिक्षुक को दे दिया।

बहन अपरूपा ने विरोध में समझाया कि– "यह भिक्षुक इस दुशाला को बेच देगा।"

खुदीराम प्रसन्न हो गया, उत्तर दिया–" अच्छा है उसके परिवार के लिये कई दिनों की भोजन की व्यवस्था हो जाएगी।"

उपन्यास "आनंद मठ" के संन्यासी जीवन से किशोर खुदीराम प्रभावित हो रहा था। मातृ-पितृ विहीन खुदीराम मिदनापुरा के महाकाली मन्दिर में घंटों बैठा रहता। अँग्रेजों के अन्यायों से पीड़ित भारतीय समाज के दुख, माता-पिता का अभाव तथा राष्ट्रवादी साहित्य- ये सब मिल कर उसके मन में वैराग्य की रचना कर रहे थे।

बहन अपरूपा देवी लिखती हैं– "खुदीराम एक दिन हमें बिना बताये कहीं चला गया। काफी दिनों तक उसकी कोई खबर नहीं मिली। अचानक एक दिन उसका पत्र मिला-" आदरणीय दीदी! अब मेरा मन पाठशाला के अध्ययन को स्वीकार नहीं कर पा रहा है, प्रतीत होता है एक साधारण गृहस्थ जीवन मेरी नियति और इच्छा में नहीं है, न ही मैं आप पर और बोझ बन कर रहना चाहता हूँ, अतः मैंने संन्यासी बनने का निर्णय किया है।"

तो क्या सच में खुदीराम ईश्वर की खोज में संन्यास की राह पर चल दिये थे?

किशोर खुदीराम एक दिन महाकाली मंदिर की बगिया में बैठे सोच रहा था–"मैं मातृविहीन हूँ, मेरी मातृभूमि ही मेरी माता है, वह इतने कष्ट में क्यों है?"

स्वामी विवेकानन्द, जिनके जीवन से प्रभावित हुए खुदीराम बोस

तभी मन्दिर के पुजारी वहाँ आये। उन्होंने स्नेह से उनकी समस्या के बारे में पूछा। किशोर खुदीराम ने अपने उद्‌गार व्यक्त करते हुए कहा—"मैं जानना चाहता हूँ कि मैं अपनी मातृभूमि की स्वतंत्रता के लिये क्या कर सकता हूँ?"

पुजारी जी ने समझाते हुए कहा—"किशोर अभी तुम्हारी आयु कम है, पहले इस देश को समझने का प्रयास करो, तुम्हें अपने-आप अपनी शंका का समाधान मिल जाएगा।"

स्वामी विवेकानंद का सन्देश है:

"हम जितना बाहर आते हैं और जितना दूसरों का भला करते हैं, हमारा दिल उतना ही शुद्ध होता है और उसमें उतना ही ईश्वर

का निवास होगा।''

स्वामी विवेकानंद से प्रभावित खुदीराम का सत्य गीता का मार्ग था—''बुद्धिमान व्यक्ति ज्ञान और कर्म को एक ही देखता है, यही सत्य है।''

अपनी संन्यास यात्रा के तीसरे दिन ही बंगाल के एक पिछड़े गाँव में खुदीराम की भेंट एक वृद्ध किसान से हुई। इस किसान के दोनों युवा पुत्रों तथा पत्नी का कुछ ही दिनों पूर्व हैजे की महामारी में देहान्त हो चुका था, घर में विधवा वधुओं तथा पौत्र-पौत्रियों के जीवन-यापन का एक मात्र आसरा खेती ही था, लेकिन इस वृद्ध किसान की खेती में सहायता करने वाला कोई भी नहीं था। उसके खेत सूखे और बंजर पड़े थे।

उस वृद्ध किसान का दुख तथा सूखे-बंजर खेतों को देख कर खुदीराम का मन भर आया। उस समय तक किशोर खुदीराम को कृषि का कोई ज्ञान नहीं था, लेकिन वे स्वामी विवेकानंद साहित्य के अध्ययन से जानते थे कि—''कोई भी कार्य करना कठिन नहीं होता, सिर्फ उसे पूर्ण करने के लिये कठोर परिश्रम की आवश्यकता होती है। श्रम द्वारा हर कार्य में सफलता प्राप्त की जा सकती है।''

खुदीराम उसी गाँव में रुक गये। वृद्ध किसान के अनुभव और किशोर खुदीराम के श्रम से कुछ ही दिनों में सूखे खेतों में हरी-भरी फसलें लहलहाने लगीं।

इस पिछड़े गाँव में रहने तथा खेती के कामों में कड़ी मेहनत करने के दौरान खुदीराम को गाँवों तथा किसानों की दयनीय स्थिति के प्रत्यक्ष दर्शन हुए। अँग्रेज अफसरों के ठाठ-बाट तथा क्रूरताओं

के साथ-साथ वे ज़मीनदारों के अत्याचारों तथा बन्धुआ मजदूरों के शोषण से परिचित हुए। उनकी यह धारणा दृढ़ हुई कि मातृभूमि की दुर्दशा का कारण विदेशी अँग्रेज शासकों की गुलामी ही है, जिसका एक ही हल है- विद्रोह। विप्लवी प्रयासों से इस अत्याचारी शासन को उखाड़ फेंकना।

इसी संकल्प के साथ किशोर खुदीराम संन्यास माध्यम से एक नई राह पर चल पड़े।

यह एक बहुत पवित्र लेकिन कठिन राह थी। यही वह राह थी जिसके सम्बन्ध में राष्ट्रीय कवि पं. माखनलाल चतुर्वेदी ने अमर कविता रची है:

पुष्प की अभिलाषा

चाह नहीं, मैं सुरबाला के
गहनों में गूँथा जाऊँ,
चाह नहीं प्रेमी-माला में बिंध
प्यारी को ललचाऊँ
चाह नहीं सम्राटों के शव पर
हे हरि डाला जाऊँ,
चाह नहीं देवों के सिर पर इठलाऊँ,
मुझे तोड़ लेना बनमाली,
उस पथ पर देना तुम फेंक!
मातृ-भूमि पर शीष चढ़ाने,
जिस पथ पर जावें वीर अनेक।

क्रान्ति की राह पर

खुदीराम मिदानपुर लौट आया था। संन्यास से दैनिक जीवन में यह वापसी घर के लिये नहीं, बल्कि उस देश के लिये थी जो धीरे-धीरे क्रान्ति की आग में तप रहा था।

बीसवीं सदी के आरम्भिक वर्षों में भारत पर अँग्रेजी शासन के औपनिवेशिक साम्राज्यवादी शोषण की तस्वीरें उभरने लगी थीं। ईस्ट इंडिया कम्पनी के बाद ब्रिटिश साम्राज्यवाद का शासन भी औपनिवेशिक राज्य का ही काल था। इसका उद्देश्य भारतीयों के घोर शोषण के साथ-साथ भारत की सम्पदा को इंग्लैंड भेजना ही था।

अँग्रेजों के औपनिवेशिक साम्राज्यवाद का पहला प्रहार भारत के किसानों तथा ग्रामीण अर्थव्यवस्था पर हुआ था। सन् 1793 में अँग्रेजों द्वारा भू-राजस्व वसूलने के उद्देश्य से लागू की गयी ज़मीनदारी व्यवस्था के कारण सदियों से अपनी ज़मीन पर खेती कर रहे छोटे-छोटे किसान दरिद्रता और शोषण के शिकार हो गये। वे ज़मीनदारों और अँग्रेजों की बँधुआ मजदूरी करने के लिये विवश हो गये। इस कारण कृषि उत्पादन में भारी गिरावट आ गयी। अँग्रेजों द्वारा खाद्य फसलों के स्थान पर व्यावसायिक अखाद्य फसलें की खेती हेतु किसानों को विवश करने के कारण दुर्भिक्ष (अकाल) तथा महामारी की स्थितियाँ बन गयीं। इन समस्याओं को सुलझाने के लिये अँग्रेज शासकों ने कोई प्रयास नहीं किये। जिसके कारण भारतीय ग्रामीण समुदाय में गहरी निराशा व्याप्त हो गयी, जो अँग्रेजों के प्रति असंतोष और व्यापक घृणा का कारण बनी।

ब्रिटिश औपनिवेशिक साम्राज्यवाद का मुख्य उद्देश्य था- भारत की धन-सम्पदा का अधिक से अधिक अपने देश के लिये दोहन। अँग्रेजों ने ब्रिटिश माल भारत के बाज़ारों में खपाने के लिये भारत के सदियों पुराने दस्तकारी उद्योग को नष्ट कर दिया। यह दस्तकारी भारतीयों के रोज़गार का बड़ा साधन भी थी और पारम्परिक संस्कृति का अंग भी। इसका दुष्परिणाम यह हुआ कि भारतीय नगरों के दस्तकार बेरोज़गारी तथा दरिद्रता का जीवन बिताने के लिये विवश हो गये।

लार्ड कर्जन

अँग्रेजों की चालबाजी

वास्तव में इंग्लैंड किसी भी तरह व्यापार में भारत से स्पर्धा नहीं कर सकता था। ईस्ट इंडिया कम्पनी के शासन के पहले भारत दुनिया का सबसे बड़ा उत्पादक तथा निर्यातक देश था। गरम मसाले, रेशमी वस्त्र, सूती वस्त्र, हस्त शिल्प सामग्री, रत्न-माणिक, चीनी तथा नील का निर्यात भारत से होता था। निर्यात की तुलना में आयात कम था, इस कारण भारत में अपार सम्पदा तथा संस्कृति की उत्कृष्ट परम्परा थी, लेकिन सन् 1757 की प्लासी पराजय के बाद ब्रिटिश साम्राज्यवाद में भारत की आर्थिक, सामाजिक तथा सांस्कृतिक दशा निरंतर गिरती चली गयी।

ऐतिहासिक सच्चाई तो यह है कि दस्तकारी तथा औद्योगिक उत्पादन में इंग्लैंड भारतीय किसानों तथा कारीगरों से स्पर्धा नहीं कर सकता था। इसी कारण ब्रिटिश साम्राज्यवाद ने पहली चाल में ज़मीनदारी की भू-राजस्व प्रणाली द्वारा भारत की सम्पन्न पारम्परिक खेती को नष्ट कर गाँवों की आर्थिक तथा सामाजिक व्यवस्था को नष्ट किया। इसके साथ ही भारतीय दस्तकारों पर भीषण अत्याचार कर श्रेष्ठ पारम्परिक दस्तकारी उद्योगों को समाप्त कर दिया। विवशतावश ये दस्तकार गाँवों में बसने के लिये विवश हो गये और अन्ततः अपनी दस्तकारी भूल कर बँधुआ मज़दूर बन कर रह गये।

भारत की इस दुर्दशा को लॉर्ड कर्जन ने और हवा दी। लॉर्ड कर्जन 6 जनवरी, 1899 में गवर्नर जनरल बन कर भारत आया। इस समय भारत की राजधानी कोलकाता थी। भारत में 1857 का प्रथम सशस्त्र स्वधीनता संग्राम समाप्त हुए लगभग चार दशक बीत चुके

थे। लॉर्ड कर्जन की आरंभिक नीतियाँ ही भारत तथा भारतीयों के प्रति विद्वेषपूर्ण थीं। अपने बंगाल को इन नीतियों की प्रयोगशाला मात्र ही समझा।

उस समय तथा राजा राममोहन राय के शिक्षा तथा समाज सुधार प्रयासों के कारण कई भारतीय अँग्रेजी भाषा में दक्ष हो गये थे। ये भारतीय अँग्रेजों के प्रशासकीय कार्यों में भी हाथ बँटा रहे थे। इसके साथ-साथ अँग्रेजी भाषा वैश्विक ज्ञान की एक खिड़की के रूप में भी भारतीयों में चेतना का संचार कर रही थी। इस खिड़की के माध्यम से भारतीयों को अमेरिका तथा फ्रांस की क्रान्तियों के साथ-साथ रूस में घट रही घटनाओं की भी जानकारी मिल रही थी। यह सारी परिस्थितियाँ भारत में एक नई वैचारिक चेतना का विस्तार कर रही थीं।

लार्ड कर्जन ने 1904 में एक "इंडियन यूनिवर्सिटीज़ एक्ट" लागू किया। लॉर्ड कर्जन की सोच थी कि भारत के विश्वविद्यालय युवाओं में क्रान्तिकारी चेतना का प्रसार कर रहे हैं। ये युवा अँग्रेजी पढ़कर अँग्रेजी शासन की षड्यंत्रकारी नीतियों को न सिर्फ समझ रहे हैं, बल्कि, अन्य देशवासियों को भी समझा रहे हैं। इसलिये सन् 1902 में उसने भारतीय विश्वविद्यालयों में सुधार के नाम पर पहले एक कमीशन गठित किया तथा 1904 में विश्वविद्यालय कानून लागू कर दिया। इस कानून के द्वारा वह भारत में अँग्रेजी शिक्षित भारतीयों की संख्या पर प्रतिबंध लगाना चाहता था। इसकी शिक्षित भारतीयों में कड़ी प्रतिक्रिया हुई। वे समझ रहे थे कि ब्रिटिश औपनिवेशिक शासन किसानों तथा दस्तकारों के बाद शिक्षित भारतीयों को भी बेरोज़गारी की ओर धकेलना चाहता है।

इसी असंतोष के बीच लॉर्ड कर्जन के मन में बंगाल के विभाजन

की षड्यंत्रकारी योजना भी पनपने लगी थी।

सन् 1905 में लॉर्ड कर्जन ने कोलकाता विश्वविद्यालय के दीक्षांत समारोह में मुख्य अतिथि के रूप में भाग लिया। उसने दीक्षांत भाषण में खुले आम भारतीयों के प्रति अपनी घृणा प्रगट करते हुए अपशब्दों का प्रयोग किया। उसने कहा:—"भारत के निवासी झूठे होते हैं, उनके स्वभाव में ही झूठ बोलने की आदत होती है।"

उसकी यह विद्वेषपूर्ण टिप्पणी भारतीयों के आत्मसम्मान पर गहरी चोट थी। सम्भवत: लॉर्ड कर्जन को लग रहा था कि 1857 के स्वाधीनता संघर्ष की असफलता ने इस देश का आत्मसम्मान भी नष्ट कर दिया है।

लॉर्ड कर्जन की इस अपमानजनक टिप्पणी के विरुद्ध कोलकाता के टाउन हाल में एक बड़ी निन्दा सभा हुई। इस निन्दा से चिढ़कर लॉर्ड कर्जन ने 19 जुलाई, 1905 को बंगाल विभाजन की घोषणा कर दी। इस बंग-भंग के विरुद्ध बंगाल में हजारों प्रदर्शन हुए।

बंग-भंग योजना भारत के बंगाल को धर्म के आधार पर विभाजन का अँग्रेजी षड्यंत्र था, जिसका उद्‌देश्य हिन्दुओं और मुसलमानों के बीच विभाजक रेखा खींचने के साथ-साथ बंगाल के नवजागरण आन्दोलन के भारतीय हितों को समाप्त करना था।

बंग-भंग के विरुद्ध देश में बहुत बड़ा स्वदेशी आन्दोलन हुआ। 16 अक्टूबर 1905 को जब बंगाल विभाजन की घोषणा हुई तो इसे बंगाल में शोक दिवस के रूप में मनाया गया। इसके साथ ही विदेशी वस्तुओं के बहिष्कार का आन्दोलन भी आरम्भ हुआ। बंग-भंग विरोधी आन्दोलन में राष्ट्र गीत "वन्दे-मातरम्" की महती भूमिका थी।

क्रान्तिगुरु से परिचय

मिदनापुर गाँव की नदी के किनारे एक शिवालय था। ग्रामवासी इस शिवालय की एक सिद्ध स्थान के रूप में उपासना करते थे। मान्यता थी कि यहाँ हर मनोकामना पूर्ण हो जाती है। इस शिवालय में भक्त द्वार पर लेट कर उपासना करते थे।

एक दिन गाँव में चर्चा चली कि एक किशोर दो दिन से शिवालय के समक्ष धरती पर लेटा हुआ है। यह किशोर खुदीराम था। उसके बदन पर सर्प रेंगने लगे थे। समाचार मिलने पर गाँव की पाठशाला के शिक्षक ज्ञानेंद्र बोस अपने भाई सत्येन्द्रनाथ बोस के साथ शिवालय में खुदीराम के पास गये।

सत्येन्द्रनाथ ने खुदीराम को सांत्वना दे कर उठाया। उसे स्नेह से अपने हृदय से लगा लिया। उनके पूछने पर खुदीराम ने अपनी मनोकामना बतायी—''गुरुदेव मैं छः वर्ष की आयु से मातृ-स्नेह से वंचित हूँ। जब वह मुझे छोड़ कर ईश्वर के पास चली गयीं थीं, तब से मेरी मातृभूमि ही मेरी माता है, मुझसे अपनी माता के कष्ट नहीं देखे जाते, मैं अपनी मातृभूमि के लिये कुछ करना चाहता हूँ।''

सत्येन्द्रनाथ ने पूछा—''तुम मातृभूमि के लिये क्या बलिदान कर सकते हो!''

किशोर खुदीराम ने दृढ़ स्वर मे कहा—''सब कुछ! मैं मातृभूमि की आजादी के लिये अपने प्राणों का भी बलिदान कर सकता हूँ।

सत्येन्द्रनाथ इस बलिदानी किशोर को गर्व से देख रहे थे। उन्होंने खुदीराम को गले से लगा लिया, बोले—''सच है, अबला केनों माँ एतो बले...।''

क्रान्तिकारी विचारक अरबिन्दो घोष, जिनसे खुदीराम बोस प्रेरित हुए

ऐसी बलशाली मातृभूमि कभी अबला नहीं हो सकती, जिसके खुदीराम बोस जैसे वीर पुत्र हों। हम एक क्रान्तिकारी दल का गठन कर रहे है, जिसके सदस्य हँसते-हँसते अपनी मातृभूमि के लिये प्राणों का बलिदान देंगे। इस दल को तुम्हारे जैसे वीरों की ही आवश्यकता है।''

वीर किशोर खुदीराम ने अपने क्रान्तिगुरु के चरणों में सिर नवा दिया, गुरु ने उत्साह से उसे अपने गले से लगा लिया।

सत्येन्द्रनाथ बोस बंगाल के अँग्रेज विरोधी गुप्त सशस्त्र क्रान्तिकारी संगठन ''अनुशील समिति-युगांतर'' के सतत सम्पर्क तथा प्रभाव में थे। अनुशीलन समिति का उद्‌देश्य था- प्रसिद्ध बाँग्ला क्रान्तिकारी उपन्यास ''आनंद मठ'' तथा ''वन्दे-मातरम्'' का जयघोष करने

वाले महान उपन्यासकार बंकिमचन्द्र चट्टोपाध्याय द्वारा सुझाये गये मार्ग का अनुशीलन अर्थात सतत चिंतन, मनन करना।

इसकी स्थापना सन् 1902 में अखाड़ों में हुई थी। इसकी दो प्रमुख शाखाएँ स्वतंत्र रूप से ''अनुशीलन समिति'' ढाका तथा ''युगांतर'' कोलकाता पूरे बंगाल में क्रान्तिकारियों को आकर्षित कर रही थीं।

अनुशीलन समितियाँ बंगाल के युवाओं को मानसिक तथा शारीरिक रूप से शक्तिशाली बना कर अँग्रेजों तथा अँग्रेजों के पिट्ठुओं के विरुद्ध सशस्त्र संग्राम के लिये प्रेरित कर रहीं थीं। वे इन युवाओं को बम निर्माण तथा अस्त्र-शस्त्र चलाना भी सिखा रही थीं। इनका ध्येय वाक्य था:

''जननी-जन्म भूमिश्च स्वर्गदपि गरीयसी''

अर्थात्: जननी माता और जन्मभूमि का स्थान स्वर्ग से भी श्रेष्ठ एवं महान है।

इन क्रान्तिकारियों का उद्देश्य था:

"United India"

अर्थात्: अखंड भारत।

मिदनापुर की ग्रामीण पाठशाला में खुदीराम के अध्यापक ज्ञानेन्द्रनाथ बोस ने, गुप्त क्रान्तिकारी संगठन ''अनुशीलन समिति'' की स्थापना की। वे बंगाल के विख्यात देशभक्त बुद्धिजीवी राजनारायण बोस के ही परिवार से थे तथा सत्येन्द्रनाथ बोस के भाई थे।

इस गुप्त युगांतर संगठन का मुख्यालय उस समय के कोलकाता में था। इस संगठन के संचालक अरबिन्दो घोष थे। अरबिन्दो घोष के अनुज बारीन्द्र कुमार घोष तथा हेमचन्द्र कानूनगो भी इस संगठन

के सक्रिय संचालन मंडल के सदस्य थे। हेमचन्द्र कानूनगो दास व अरबिन्दो घोष पर बाद में अलीपुर बम केस में मुकदमा चलाया गया था। सन् 1906 में हेमचन्द्र कानूनगो अपनी पैतृक सम्पत्ति बेच कर बम बनाने का प्रशिक्षण लेने फ्रांस भी गये थे। सम्भवतः विदेश में इस तरह का क्रान्तिकारी प्रशिक्षण लेने वाले वे पहले भारतीय थे।

क्रान्तिकारी हेमचन्द कानूनगो से भेंट

सन् 1905 में हेमचन्द्र कानूनगो, सत्येन्द्रनाथ बोस से क्रान्तिकारी गतिविधियों पर विचार करने मिदनापुर आये।

वे एक शाम साइकिल पर मिदनापुर घूम रहे थे। अचानक एक किशोर उनकी साईकिल के सामने आ कर खड़ा हो गया। उसने सीधे उन्हें सम्बोधित किया:

क्रान्तिकारी हेमचन्द्र कानूनगो

"दादा, मुझे एक पिस्तौल चाहिये।"

"पिस्तौल! पर तुम पिस्तौल का क्या उपयोग करोगे?" हेमचन्द्रों ने पूछा।

"मैं पिस्तौल से इन दुष्ट अँग्रेजों को अपने देश से बाहर निकाल दूँगा।" किशोर का उत्तर था।

हेमचन्द्र जी उस किशोर से प्रभावित हुए, लेकिन उन्होंने उसे समझाया—"देखो तुम्हारी आयु अभी कम है, मैं तुमसे परिचित भी नहीं हूँ।"

किशोर ने हठ किया—"मेरा नाम खुदीराम बोस है, मैं आपसे परिचित हूँ, आप मेरे गुरु के मित्र है। मैं जानता हूँ, अपनी दृढ़ इच्छा पूरी करने के लिये मेरी आयु कम नहीं है। यह आयु मातृभूमि के बलिदान करने के लिये पर्याप्त है।"

किशोर खुदीराम बोस के दृढ़ संकल्प तथा निर्भीकता से हेमचन्द्र कानूनगो बहुत प्रभावित हुए। वे समझ गये मातृभूमि के क्रान्ति यज्ञ के समर में एक वीर सिपाही उन्हें मिल गया है।

हेमचन्द्र कानूनगो के सुझाव पर सत्येन्द्रनाथ ने गुप्त रूप से एक पिस्तौल किशोर खुदीराम को उपलब्ध करा दी। उन्होंने उस किशोर क्रान्तिकारी को हथियार चलाने का प्रशिक्षण भी दिया। खुदीराम शीघ्र ही अस्त्र-शस्त्र संचालन में दक्ष हो गया।

खुदीराम बोस युगांतर क्रान्तिकारी संगठन की गतिविधियों में जी-जान से जुट गया। उसने अपनी विचारधारा के साथियों को खोजने के साथ-साथ उन्हें मातृभूमि की स्वतंत्रता के लिये प्रेरित करना शुरू किया। खुदीराम ने अपनी विचारधारा के साथियों को बाँकुरा के

छेनादी पहाड़ी जंगलों में अस्त्र-शस्त्र संचालन का प्रशिक्षण भी देना आरम्भ कर दिया। ये मातृभूमि के सपूत थे।

एक मुँहबोली मुस्लिम बहन

यह झगड़े बखेड़े मेट कर आपस मे मिल जाओ।
अबस तफरीक़ है तुममें यह हिन्दू और मुसलमाँ की॥

—शहीद अशफाकउल्ला ख़ाँ

खुदीराम ने खुद को देश को समर्पित कर दिया। क्रान्तिकारी गतिविधियों के साथ वे समाज सेवा के कार्यों में गहन रुचि लेने लगे थे।

स्वदेशी वस्तुओं के प्रचार में तो उनकी छात्र जीवन से ही आस्था थी। उनके छात्र जीवन की एक घटना है। उनके एक सहपाठी स्वदेशी कारखाने की बनी एक मोटी धोती पहनकर पाठशाला आये। पाठशाला के कुछ सहपाठी उसकी मोटी धोती का परिहास करने लगे।

खुदीराम उस मोटी धोती के कपड़े के पक्ष में खड़े हो गये।

उन्होंने विदेशी कपड़े के विरुद्ध चुनौती देते हुए कहा, "यह मोटी धोती हमारी स्वदेशी मिल में मेरे हिन्दुस्तानी भाइयों द्वारा बुनी हुई है, हमें प्रसन्न होना चाहिये कि ये हमारी महान मातृभूमि की देन है। यह विदेशी कपड़ों की तरह अँग्रेजों की दासता की निशानी नहीं है।"

उनकी इस स्वदेशी भावना से सभी प्रभावित हुए।

जब वे सिर्फ चौदह वर्ष के थे, मिदनापुर में हैजा फैल गया। इस महामारी में बहुत से लोग मर गये, लेकिन खुदीराम निस्वार्थ भाव से दिन-रात रोगियों की सेवा में जुटे रहे।

किशोर खुदीराम के क्रान्ति गुरु सत्येन्द्रनाथ बोस

सन् 1905 तक खुदीराम युगान्तर क्रान्तिकारी संगठन के किशोर सदस्य बन चुके थे। उसी वर्ष भारी बारिश के कारण जनार्दनपुर में भयंकर बाढ़ आ गयी। खुदीराम अपने कुछ मित्रों के साथ बाढ़ पीड़ित क्षेत्र में पहुँच गये। उन्होंने बाढ़ पीड़ितों की हर सम्भव सहायता की। पीड़ितों को सुरक्षित स्थानों में पहुँचाना उनका मुख्य कार्य था।

इसी बीच 19 जुलाई 1905 को बंगाल के विभाजन का सरकारी कानून लागू कर दिया गया। अँग्रेजी सरकार के इस षड्यंत्रकारी कानून का बंगाल में घोर विरोध हुआ, लेकिन इसके साथ ही अँग्रेज पुलिस क्रान्तिकारी संगठनों की गतिविधियों पर विशेष रूप से कड़ी नज़र रखने लगी।

संगठन प्रमुख तथा क्रान्तिगुरु सत्येन्द्रनाथ बोस ने सभी सदस्यों

को निर्देश दिये कि:

"संगठन के सभी सदस्य अलग-अलग स्थानों पर चले जाएँ, वे भूमिगत होकर गुप्त रूप से अँग्रेजी शासन के विरुद्ध क्रान्तिकारी गतिविधियों का वातावरण बनाने हेतु प्रचार करें।"

खुदीराम को बंगाल के कोटाई तथा तामलुक क्षेत्रों के साथ उड़ीसा के बरसुआ, बारकोट तथा देवगढ़ में अनुशीलन समिति के उद्देश्यों के प्रचार का दायित्व सौंपा गया।

एक देशी ग्रामीण किसान की तरह मोटे कपड़ों के स्वदेशी धोती-कुर्ते में खुदीराम अपनी मंज़िल पर चल पड़े। उनका पहला पड़ाव तामलुक था। यह उनका परिचित क्षेत्र था। तामलुक में उन्होंने कई युवकों को अपने संगठन से जोड़ा। वे वहाँ लगभग दो सप्ताह रुके। उन्होंने संगठन की नई शाखा के सदस्यों को अस्त्र-शस्त्र संचालन का प्रशिक्षण भी दिया। तमालुक के बाद खुदीराम 'कोटाई' गये। वहाँ से वे उड़ीसा के कटक, भद्रक ज़िलों में गये। इन सभी स्थानों पर उन्होंने क्रान्ति के लिये युवाओं को संगठित कर प्रशिक्षण देने का काम किया। लगभग चार महीनों बाद वे मिदनापुर लौटे।

मिदनापुर आकर उन्होंने सत्येन्द्रनाथ को अपने गुप्त अभियान की जानकारी दी। उनके सफल अभियान से क्रान्तिगुरु बहुत प्रसन्न हुए।

खुदीराम बोस की बड़ी बहन हाट गछिया गयी हुईं थीं। सत्येन्द्रनाथ ने उनका परिचय मिदनापुर के ही एक मुस्लिम सज्जन रफीकुर्रहमान अन्सारी से करवाया। रफ़ीक अन्सारी की जूतों की दुकान थी। वे भी अनुशीलन समिति के गुप्त सदस्य थे। वे हमेशा संगठन की आर्थिक सहायता करते थे।

खुदीराम बोस मिदनापुर में ही रफ़ीकुर्रहमान अन्सारी के परिवार में एक सदस्य की तरह रहने लगे। रफ़ीक की पत्नी उन्हें अपने छोटे भाई की तरह स्नेह करती थीं।

भारत के क्रान्तिकारी इतिहास में हिन्दू-मुस्लिम एकता के कई प्रेरक प्रसंगों में खुदीराम बोस की इन मुस्लिम बहन का नाम भी शामिल है। इस प्रसंग का महत्त्व इस तथ्य से भी बढ़ जाता है कि खुदीराम बोस की फाँसी के समय उनकी बड़ी बहन अपरूपा देवी को मुज़फ्फरपुर जेल प्रशासन ने मिलने की अनुमति नहीं दी, लेकिन 7 अगस्त 1908 को उनकी मुँहबोली मुस्लिम बहन को उनसे मिलने की अनुमति मिल गयी। मुस्लिम बहन राखी लेकर जेल गयी थीं।

मुस्लिम बहन ने जब किशोर खुदीराम की कलाई में राखी बाँधी तो वे फफक-फफक कर रो पड़ीं।

वीर खुदीराम ने उन्हें सांत्वना देते हुए कहा:—"दीदी आपकी आँखों में आँसू क्यों? तुम्हें तो गर्व होना चाहिये कि आपका भाई देश की आज़ादी के लिये फाँसी के तख्ते पर चढ़ रहा है।"

किशोर खुदीराम के ये शब्द सुन उनकी मुस्लिम बहन का दिल और आँखें और भी भर आयीं।

कृषि मेले में क्रान्ति प्रचार

सन् 1906 की वसन्त ऋतु। अँग्रेज प्रशासन ने मिदनापुर में एक कृषि मेले का आयोजन किया। इस मेले में दूर-दूर से काफी लोग आ रहे थे।

युगान्तर क्रान्तिकारी संगठन की गुप्त अनुशीलन समिति को यह

आयोजन अपने उद्देश्यों तथा अँग्रेज सरकार के भारत विरोधी कृत्यों के प्रचार-प्रसार के लिये उपयोगी जान पड़ा। सत्येन्द्रनाथ बोस ने "वन्दे-मातरम्" शीर्षक से अँग्रेज शासन विरोधी एक पर्चा छपवाया। यह घटना पहले की है जब खुदीराम को मेले में इस पर्चे के वितरण की ज़िम्मेदारी सौंपी गयी। खुदीराम इस क्रान्ति-कार्य को पूरी दक्षता के साथ कर रहे थे।

मेले का अन्तिम दिन था। दंडाधिकारी डी. वेस्टन समापन दिवस पर पुरस्कार वितरण समारोह के मुख्य अतिथि के रूप में मेले में आमंत्रित थे। खुदीराम रोज़ की तरह आज भी "वन्दे-मातरम्" पर्चे के वितरण में जुटे हुए थे। मेले में आने वाले भी चुपचाप उस क्रान्ति-पर्चे को पढ़ते और जेब में रख लेते। उनमें से कई बाद में अपने विश्वस्त परिचितों के साथ उस पर्चे के विचारों और भावनाओं पर चर्चा भी करते। इस प्रकार देश प्रेम के सन्देश के लिये आम जनमानस में वातावरण बन रहा था। यही 'युगांतर संगठन' का उद्देश्य भी था।

28 फरवरी 1906 को इस मेले में अँग्रेजों के पिट्ठू एक शिक्षक रामचरण सेन भी थे। रामचरण ने खुदीराम को अँग्रेज शासन विरोधी पर्चा बाँटते देख लिया। उसने इसकी सूचना वहाँ तैनात पुलिस सिपाही को दे दी।

एक पुलिस सिपाही ने खुदीराम को पकड़ने का प्रयास किया। खुदीराम ने एक बलिष्ट घूँसा उस सिपाही के मुँह पर जड़ दिया। तभी अन्य कई पुलिस सिपाही वहाँ पहुँच गये। सभी ने खुदीराम को पकड़ लिया।

क्रान्ति गुरु सत्येन्द्रनाथ भी वहीं मेले में थे। वह तुरन्त वहाँ पहुँच गये। उन्होंने सिपाहियों को झिड़कते हुए कहा-

"पुलिस सिपाहियों ने डिप्टी मजिस्ट्रेट के बालक को क्यों पकड़ा है?"

"डिप्टी मजिस्ट्रेट का पुत्र!"

सिपाहियों के होश उड़ गये। सिपाहियों की पकड़ की ढीली होते ही खुदीराम घटना स्थल से गायब हो गये।

बाद में दंडाधिकारी डी. वेस्टन की अदालत में सत्येन्द्रनाथ पर, खुदीराम को छुड़ाने के लिए पुलिस को भ्रमित करने के आरोप में मुकदमा चला।

लेकिन सत्येन्द्रनाथ बोस पर आरोप सिद्ध नहीं हो पाये। इस पूरे मुकदमे में सत्येन्द्रनाथ की भाव-भंगिमा से एक बात अदालत को समझ आ गयी कि सत्येन्द्रनाथ के मन में अँग्रेजी शासन तथा अदालत के प्रति कोई सम्मान-भाव नहीं है।

उनकी इस उपेक्षा से चिढ़कर वेस्टन उन्हें दंडित तो नहीं कर पाया, लेकिन उसने अपना फैसला इस प्रकार लिखा कि अप्रैल 1906 में सत्येन्द्रनाथ को अध्यापक पद से निलम्बित कर दिया गया।

क्रान्तिगुरु के निलम्बन के बाद किशोर खुदीराम के मन में आया कि अगर वह आत्मसमर्पण कर दें तो सम्भवत: सत्येन्द्रनाथ दोषमुक्त हो जाएँ।

खुदीराम बोस का समर्पण

क्रान्ति संगठन अनुशीलन समिति युगांतर के प्रमुख नेता श्री हेमचन्द्र दास कानूनगो ने लिखा है:—

"समर्पण के पूर्व हमने खुदीराम को राजद्रोह की कानूनी धाराओं

के सम्बन्ध में विस्तार से समझाया। हमने उस किशोर को यह भी बताया कि गिरफ्तारी के बाद अँग्रेज पुलिस उसे किस प्रकार प्रताड़ित कर सकती है। हम जानते थे कि राजद्रोह की धारा 121 तथा 124 के अन्तर्गत आजन्म कालापानी और मृत्युदंड तक की सज़ा अँग्रेजी अदालत दे सकती है, लेकिन इस किशोर क्रान्तिकारी ने बहुत शान्त भाव से अपना निश्चय किया था। हमारे कुछ साथियों की आशंका थी कि कहीं पुलिस प्रताड़ना की कठोरता के सामने यह सौलह वर्षीय किशोर टूटकर संगठन के रहस्य न प्रगट कर दे, लेकिन समर्पण के लिये उसकी दृढ़ता देखकर हमारे सारे संदेह, समस्त दुविधाएँ समाप्त हो गयीं। समर्पण के बाद सच में खुदीराम ने पुलिस की साम-दाम-दंड-भेद की सभी कोशिशों को नाकाम कर दिया। भयानक प्रताड़ना के बावजूद खुदीराम से पुलिस को कोई भी सुराग अथवा जानकारी हमारे क्रान्तिकारी आन्दोलन के बारे में नहीं मिल पायी थी।''

अँग्रेजी अदालत में खुदीराम के विरुद्ध कोई भी आरोप सिद्ध

अँग्रेजी पुलिस की हिरासत में खुदीराम बोस

नहीं हो पाया। अन्ततः विवश होकर अदालत को 16 मई 1906 को खुदीराम को रिहा करना पड़ा।

इस प्रकरण ने इस किशोर क्रान्तिकारी के लिये आम भारतीयों के मन में हार्दिक लोकप्रियता पैदा कर दी। उसकी रिहाई के बाद अदालत के प्रांगण में ही जनता ने उसका अभिनन्दन किया। नगर के युवाओं तथा विद्यार्थियों में मातृभूमि की आज़ादी के लिये नये विचार जागने लगे।

बंग-भंग और खुदीराम बोस

सन् 1906 में मिदनापुर में राष्ट्रीय काँग्रेस का अधिवेशन हुआ। इस समागम में राष्ट्रीय काँग्रेस के अन्दर नरम दल तथा गरम दल की विभाजक रेखा स्पष्ट होने लगी थी। बंगाल विभाजन के कारण अरबिन्दो घोष तथा उनके साथी। विपिचन्द्र पाल, लोकमान्य तिलक तथा लाला लाजपत राय के विचारों से प्रभावित थे। खुदीराम भी अरबिन्दो घोष की विचारधारा के ही अनुयायी थे। उनके दिल में देशप्रेम की भावना तथा देश के लिये बलिदान हो जाने की इच्छा निरन्तर प्रबल होती जा रही थी। वे गुनगुनाते थे:

स्वदेशी आन्दोलन चाई आत्मदान।
भागो जाय जेन जीवन चले
शुधु जगत माझे तोमार काजे
वन्दे-मातरम् बले।

बंगाल विभाजन के विरुद्ध चल रहे जन-आन्दोलन में "वन्दे-मातरम्" गीत की लोकप्रियता पर अंकुश लगाने के लिए कठोर कानून

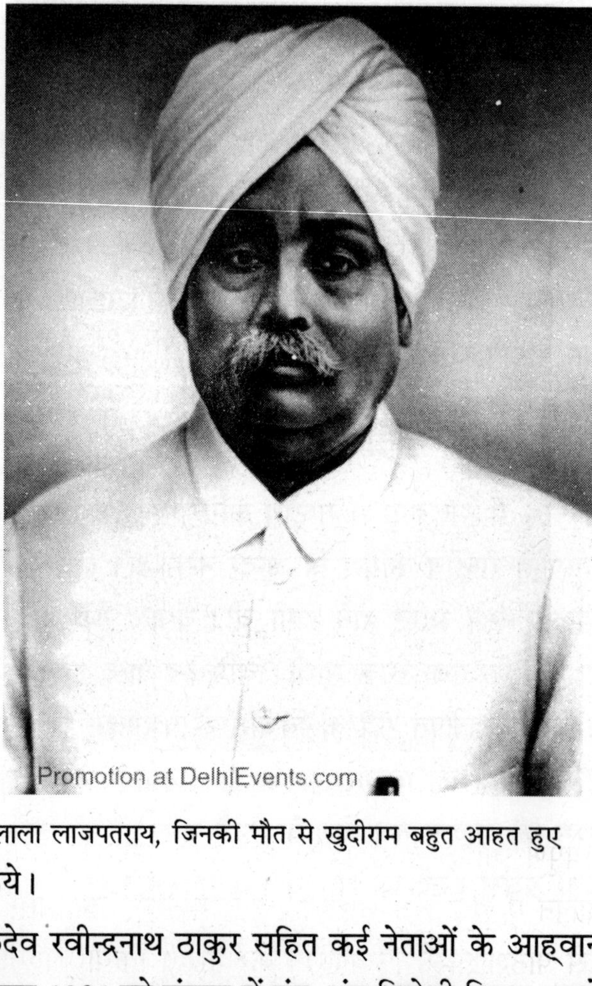

लाला लाजपतराय, जिनकी मौत से खुदीराम बहुत आहत हुए

लागू किये।

गुरुदेव रवीन्द्रनाथ ठाकुर सहित कई नेताओं के आह्वान पर 16 अक्टूबर 1906 को बंगाल में बंग-भंग विरोधी दिवस मनाने का निश्चय किया गया। यह संकल्प किया गया कि बंग-भंग के विरोध में पूरे बंगाल में विदेशी समान का बहिष्कार किया जाएगा। अँग्रेजी सरकार बंगाल की एकता को तोड़ना चाहती है, इस कारण हरेक का एक ही नारा होगा— ''वन्दे मातरम्''

इस आन्दोलन के दमन के लिये बंगाल के अँग्रेज शासकों ने

गुरुदेव रवीन्द्रनाथ ठाकुर

अन्यायपूर्ण आदेश जारी किया कि अगर कोई विद्यार्थी स्वदेशी आन्दोलन में भाग लेगा अथवा ''वन्दे मातरम्'' का नारा लगाएगा तो उसे पाठशाला से निष्कासित कर दंडित किया जाएगा। बंगाल के रंगपुर में एक स्कूल के सभी दो सौ छात्रों को वन्दे-मातरम् उद्घोष के आरोप में दंडित किया गया।

इस आन्दोलन को तोड़ने के उद्देश्य से अँग्रेजों ने बंगाल की जनता में फूट डालने के लिये हिन्दुओं और मुसलमान भाइयों की एकता को नष्ट करने के लिये कई घृणित षड़यंत्र रचे।

इन षड्यंत्रों के विरुद्ध किशोर खुदीराम तथा उनके क्रान्तिकारी संगठन ने एक जन-प्रचार अभियान चलाया। संगठन के क्रान्तिकारी साथी कवि अश्वनी कुमार दत्त की बाँग्ला कविता, हिन्दू-मुस्लिम भाइयों की एकता की भावना से बंगाल के आम जनों तक पहुँचाई जा रही थी। इस कविता का हिन्दी भावार्थ कुछ इस प्रकार था:

आओ हे भारतवासी आओ,
हम सब मिल कर
भारत मातृभूमि को प्रणाम करें।
आओ,
मुस्लिम भाइयो
आज मज़हब-सम्प्रदाय
जाति-पाति का झगड़ा नहीं है
देश के कार्य में
हम सब भाई-भाई हैं
ये हमारा देश हमारा वतन है
इसकी माटी में
तुम्हारे अकबर
और हमारे राम हैं।

मुजफ्फरपुर में बम क्रान्ति

बंगाल की जनता के भारी विरोध की अवहेलना कर ब्रिटिश राज ने 16 अक्टूबर 1905 को बंगाल विभाजन की योजना को लागू कर दिया। पूर्वी बंगाल के नाम से एक नया प्रान्त बनाया गया। पूर्वी बंगाल

का लेफ्टीनेंट गवर्नर वैम फील्ड फुलर बना, जबकि पश्चिम बंगाल के लेफ्टीनेट गवर्नर पद पर अन्ड्रेयु हेंडर्सन फ्रेज़र ही बना रहा।

इस बीच इन दोनों ही अँग्रेज उच्चाधिकारियों ने न केवल भारतीयों के बीच हिन्दू–मुस्लिम की दीवारें खड़ी करने के षड्यन्त्र रचे बल्कि कई अपमानजनक टिप्पणियाँ भी कीं। एक टिप्पणी यह की गयी कि हिन्दू और मुसलमान अँग्रेजी शासन की दो पत्नियाँ हैं और अँग्रेजी शासक अपनी सुविधा से इन पत्नियों से कम–ज्यादा प्यार करते हैं। इस फूहड़ तथा अपमानजनक टिप्पणी से बंगाल के क्रान्तिकारी संगठन बहुत नाराज हो गये। ये क्रान्तिकारी, फ्रेज़र को बंगाल के विभाजन का भी दोषी मानते थे।

सन् 1907 के नवम्बर महीने में यामिनी मल्लिक के निवास पर क्रान्तिकारियों की एक गुप्त बैठक में फ्रेज़र को मृत्युदंड देने का निश्चय किया गया। इस बैठक में सत्येन्द्रनाथ बोस, सुरेंद्रनाथ मुखर्जी, प्रकाश मैती, प्रफुल्ल मैती, संतोषदास, पूरन चपरी तथा खुदीराम बोस शामिल थे।

इस योजना के अनुसार दिसम्बर माह के पहले सप्ताह में खुदीराम बोस कोलकाता गये तथा योजना के सूत्रधार बारिन्द्र घोष को यामिनी मल्लिक के घर लेकर आये।

6 दिसम्बर 1907 को बारिन्द्र घोष के नेतृत्व में उल्लासकर दत्त, विभूतिभूषण सरकार तथा प्रफुल्ल चाकी नारायण गढ़ (जगह का नाम) गये। इन क्रान्तिकारियों ने नारायण गढ़ रेलवे स्टेशन के पास रेल पटरी में बम बाँध कर फेज़र की रेलगाड़ी में विस्फोट कर उसकी हत्या का प्रयास किया, लेकिन यह योजना सफल नहीं हो पायी।

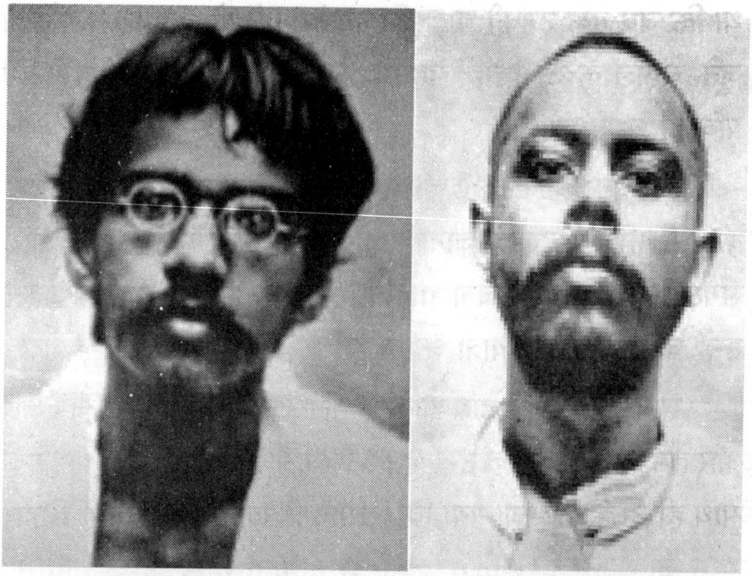

खुदीराम बोस के क्रान्तिकारी साथी बारिन्द्र घोस और उल्लासकर दत्त

इसी बीच क्रान्तिकारी दल की गतिविधियों के लिये धन जुटाने के उद्देश्य से खुदीराम ने अपने एक युवक साथी के साथ हाट गछिया के डाकघर के कोष को लूटने की योजना बनायी। यह योजना सफल रही। खुदीराम ने इस सरकारी लूट से प्राप्त धनराशि अपने क्रान्तिगुरु सत्येन्द्रनाथ बोस को सौंप दी। मिदनापुर पहुँचने पर सत्येन्द्रनाथ ने उन्हें भूमिगत होकर मुगबेरिया जाने का आदेश दिया। खुदीराम ने मुगबेरिया में अपनी दृढ़ संगठन क्षमता से देशभक्त युवाओं का अच्छा संगठन तैयार कर लिया। इसके साथ ही वे अपने क्रान्तिकारी दल के लिये हथियारों के प्रबन्ध में जुटे हुए थे।

4 अप्रैल 1908 को खुदीराम बोस को सत्येन्द्रनाथ बोस का तुरन्त मिदनापुर लौटने का सन्देश प्राप्त हुआ।

अपनी किशोर अवस्था के आरम्भ में खुदीराम ने संकल्प किया

था कि जब तक उनकी मातृभूमि स्वतंत्र नहीं हो जाएगी, वे पाँव में जूते-चप्पल कुछ भी नहीं पहनेंगे। अपनी शपथ के अनुसार वे नंगे पाँव ही घूमते थे।

मिदनापुर आने पर उन्हें बताया गया कि उन्हें बहुत आवश्यक काम से पश्चिम दिशा में जाना है। इसका अर्थ यह था कि क्रान्तिकारी संगठन उन्हें बिहार भेजना चाहता है, लेकिन बिहार जाने के पहले उन्हें कोलकाता की यात्रा करना है।

शाम तक हेमचन्द्र दास कानूनगो भी मिदनापुर आ गये। सत्येन्द्रनाथ और हेमचन्द्र द्वारा पहले उन्हें गुप्त अभियान की शपथ दी गयी। इसके साथ ही उन्हें समझाया गया कि जिस अभियान के लिये उन्हें बिहार भेजा जा रहा है उसकी सफलता के लिये उन्हें जूते पहनना होंगे। यह मातृभूमि की आज़ादी का ही अभियान है।

खुदीराम सत्येन्द्रनाथ तथा हेमचन्द्र के साथ कोलकाता पहुँच गये। कोलकाता में उनका परिचय एक अन्य युवक प्रफुल्ल चन्द्र चाकी से करवाया गया। बीस वर्षीय चाकी रंगपुर के नेशनल स्कूल के क्रान्तिकारी छात्र थे। वे अरबिन्दो घोष के बहुत निकट थे तथा मानिकतल्ला की गुप्त बम फैक्टरी के कार्यों से भी सम्बद्ध थे। प्रफुल्ल चाकी के पिता को बिना किसी कारण या अपराध के कोलकाता के क्रूर मुख्य दंडाधिकारी डी. एच. किंग्ज़फोर्ड ने फाँसी की सज़ा दी थी। यह क्रूर जज भारतीयों से घृणा करता था। उसने अपने बंगाल राज्य के सेवाकाल, सन् 1904 से 1908 के चार सालों में देशभक्तों को बहुत कड़ी सज़ाएँ दी थीं। वह क्रान्तिकारियों के साथ-साथ भारतीय पत्रकारों से भी बहुत चिढ़ता था।

उसने "वन्दे मातरम्" आन्दोलन में भाग लेने वालों का अपने समाचार पत्र में समर्थन करने के अभियोग में "वन्दे मातरम्" समाचार-पत्र के सम्पादक श्री अरबिन्दो घोष तथा उनके विरुद्ध गवाही न देने के आरोप में श्री विपिन चन्द्र पाल को 26 अगस्त 1907 को जेल भेज दिया। यही नहीं इस अत्याचारी जज ने इनके समर्थन में "वन्दे मातरम्" का नारा बुलन्द करने वाले एक पन्द्रह वर्षीय छात्र सुशील सेन को पन्द्रह बेंत लगाने की कठोर सज़ा सुना दी।

विपिन चन्द्र पाल

बंगाल की आम जनता में किंग्ज़फोर्ड की इस निंदनीय कार्यवाही से आक्रोश फैल गया।

बंगाल की युगांतकारी क्रान्तिकारी संगठन ने किंग्ज़फोर्ड को उसके इस कठोर कुकृत्य की कड़ी सज़ा देने का निश्चय किसा। कोलकाता में आयोजित एक बैठक में अरबिन्दो घोष, चारू दत्त तथा सुबोध मल्लिक ने किंग्ज़फोर्ड की सज़ा निर्धारित की—मृत्युदंड।

क्रान्तिकारियों ने किंग्ज़फोर्ड को एक पार्सल बम भेजकर मारना चाहा, लेकिन उसने वह पार्सल ही नहीं खोला। वह पार्सल खोलते हुए एक अन्य कर्मचारी घायल हो गया। इस बीच क्रान्तिकारियों की गतिविधियों से डरकर किंग्ज़फोर्ड ने अपना स्थानांतरण बंगाल से दूर बिहार के मुज़फ्फरपुर में करवा लिया, लेकिन क्रान्तिकारियों ने उसे क्षमा नहीं किया, वे मुज़फ्फरपुर में ही उसे मृत्युदंड देने की योजना में लग गये।

डी. एच. किंग्सफोर्ड की हत्या की योजना

8 अप्रैल 1908 को डी. एच. किंग्ज़फोर्ड के वध का महत्त्वपूर्ण दायित्व कोलकाता में खुदीराम बोस तथा प्रफुल्ल चाकी को सौंपा गया।

दोनों ही क्रान्तिकारी इस दायित्व को जान कर खुशी और गर्व से भर गये। खुदीराम ने अपने क्रान्तिगुरु के चरण छूते हुए गदगद भाव से अपना आभार व्यक्त किया:

"गुरुदेव धन्यवाद आपका जो आपने मुझे इस देशभक्ति अभियान के योग्य समझा।"

क्रान्तिगुरु सत्येन्द्रनाथ ने उन्हें आशीष देते हुए कहा कि यह कार्य

संगठन ने तुम्हारी निर्भीकता, बुद्धिमत्ता तथा शस्त्र संचालन क्षमता के आधार पर सौंपा है। इस साहसिक अभिमान के लिये तुम दोनों को बिहार के मुज़फ्फरपुर जाना है। देश के शत्रु किंग्ज़फोर्ड की मृत्यु वहीं उसकी प्रतीक्षा कर रही है।''

जज किंग्सफोर्ड

संगठन की ओर से खुदीराम को दो पिस्तौल तथा प्रफुल्ल चाकी को एक पिस्तौल और कारतूस दिये गये। हेमचन्द कानूनगो ने उन्हें हाथ से फेंकने वाले कुछ बम भी दिये। इसके साथ ही मुज़फ्फरपुर के बारे में विस्तार से जानकारी भी दी गयी। उन्हें वस्त्र, रुपये तथा नक्शा भी संगठन की ओर से मिला। उन्होंने किंग्ज़फोर्ड के वध की योजना पर विचार विमर्श किया।

उन दिनों खुदीराम की मुस्लिम बहन भी अपने भाई वकील सैयद अब्दुल वहीद के यहाँ कोलकाता में ही थीं। मुज़फ्फरपुर जाने के पहले खुदीराम अपनी मुस्लिम बहन का आशीर्वाद लेने गये। उन्होंने बहन को प्रणाम कर कहा:—

"दीदी, मुझे आशीष दीजिये, मैं अपनी ज़िन्दगी के सबसे बड़े पवित्र काम के लिये मुजफ्फरपुर, बिहार जा रहा हूँ।"

मुस्लिम बहन के पति तथा खुदीराम के मिदनापुर में आश्रयदाता हितचिन्तक रफ़ीकुर्रहमान अन्सारी भी वहीं थे। उन्होंने परिहास में पूछा:

"क्या शादी करने जा रहे हो?"

खुदीराम ने मुस्करा कर कहा:

"उसके लिये तो मुझे मातृभूमि से आज्ञा लेनी होगी, अभी तो मुझे एक लम्बी यात्रा पर प्रस्थान करना है।"

खुदीराम की मुस्लिम बहन ने अश्रुपूरित नेत्रों से अपने किशोर भाई के सिर पर हाथ फेरते हुए आशीर्वाद दिया:

"खुदा तुम्हें तुम्हारे काम में कामयाब करे।"

18 अप्रैल 1908 को खुदीराम बोस और प्रफुल्ल चाकी अपने गुप्त क्रान्तिकारी मिशन पर मुजफ्फरपुर बिहार पहुँच गये। वहाँ दोनों वीर मोती झील क्षेत्र में किशोरी बाबू की धर्मशाला में ठहर गये। दोनों क्रान्तिकारियों ने गहनता से कि[illegible]फोर्ड के आवास, अदालत सहित उसकी दिनचर्या का अध्ययन करना शुरू कि[illegible]। तब तक पुलिस के गुप्तचरों को भी इस योजना की कुछ भनक लग गयी। उन्होंने किंग्ज़फोर्ड को सचेत करते हुए उसकी सुरक्षा बढ़ा दी।

खुदीराम और प्रफुल्ल चाकी ने पाया कि किंग्ज़फोर्ड लगभग प्रत्येक रात्रि में अपनी पत्नी के साथ अपनी विक्टोरिया बग्घी में यूरोपियन क्लब आता है। दोनों ने कुछ दिन उसके क्लब आने-जाने के समय पर नज़र रखी।

योजना बनी कि क्लब वापसी की अँधेरी रात में उसकी बग्घी पर बम फेंक कर क्रूर फोर्ड का वध कर दिया जाये।

30 अप्रैल 1908 की रात अमावस्या की घोर अँधेरी रात्रि थी। यह रात्रि शाक्त बंगालियों के लिये महाकाली की उपासना की रात्रि थी। सम्भवतः मातृभूमि के उपासक खुदीराम बोस को राष्ट्रशत्रु फोर्ड के वध के लिये यही रात्रि उपयुक्त लगी।

क्रान्तिकारी खुदीराम बोस और प्रफुल्ल चाकी

किंग्ज़फोर्ड अपनी पत्नी के साथ नियत समय पर अपनी विक्टोरिया बग्घी से क्लब पहुँचा। खुदीराम और प्रफुल्ल चाकी ने उसे क्लब के अन्दर जाते देखा।

दोनों क्रान्तिकारी थोड़ी दूर सड़क के किनारे रात के अँधेरे में

झाड़ियों में छिप कर फोर्ड की वापसी की प्रतीक्षा करने लगे।

अँधेरी रात में लगभग नौ बजे एक विक्टोरिया बग्घी क्लब के मुख्य द्वार से बाहर निकली। यह फोर्ड की बग्घी थी। जैसे ही बग्घी झाड़ियों के सामने सड़क पर आयी खुदीराम ने हाथ में पकड़ा बम बग्घी पर उछाल दिया।

बम की भयानक ध्वनि के साथ कुछ चीत्कारें उस अँधेरे में फैल गयीं। सफलता के उत्साह के साथ दोनों क्रान्तिकारी वहाँ से निकल भागे। इस अँधेरे में खुदीराम के जूते वहीं रह गये।

विस्फोट के समय कुछ सिपाही वहाँ थे। फोर्ड की बग्घी पर बम विस्फोट तो बिल्कुल सही हुआ था। उस बग्घी की दोनों सवारियाँ भी इस विस्फोट में मारी गयीं, लेकिन ये सवारियाँ किंग्ज़फोर्ड और उसकी पत्नी नहीं थीं। उस समय उसकी बग्घी में एक अँग्रेज वकील प्रिंग्ले कैनेडी की पत्नी तथा पुत्री थीं, जो फोर्ड की बग्घी में घर लौट रहीं थीं।

पूरे मुज़फ्फरपुर शहर में हलचल फैल गयी। अँग्रेजी प्रशासन के मुँह पर यह विस्फोट एक करारा तमाचा था। सब जगह सादे लिबास में पुलिस और उनके जासूस तैनात थे। उन्हें इतना समझ आ गया था कि यह काम दो बंगाली लड़कों का है, जिनमें से एक नंगे पाँव ही है।

खुदीराम और चाकी रेल पटरियों के किनारे भागते हुए समस्तीपुर के बैनी रेलवे स्टेशन पहुँच गये। वे अपने अभियान को सफल जान उत्साह में थे। उन्होंने रात के अँधेरे में लगभग चौबीस मील की दूरी पाँव-पैदल ही भागते हुए तय कर ली थी। सुबह सामने ही थी। वे

जानते थे कि हर जगह उन दोनों को पुलिस तलाश रही होगी। अब तक पुलिस उनकी गिरफ्तारी पर पाँच हजार रुपये के इनाम की घोषणा कर चुकी थी। जगह-जगह उनके सम्बन्ध में मुनादी की जा रही थी।

बैनी स्टेशन समस्तीपुर के बाहर दोनों क्रान्तिकारी एक दूसरे के गले मिलकर इस संकल्प के साथ अलग-अलग दिशाओं को चल पड़े कि अगर जीवन रहा तो कोलकाता में मिलेंगे, लेकिन प्रफुल्ल चाकी, 1 मई 1908 को ही मोकामा स्टेशन पर पुलिस से सशस्त्र मुठभेड़ के बाद स्वयं शहीद हो गये। वे बंगाल के पहले शहीद माने गये जिन्होंने स्वयं अपनी पिस्तौल की गोली से मातृभूमि के लिये प्राण दे दिये।

1 मई 1908 की सुबह बैनी रेलवे स्टेशन के पास किशोर खुदीराम पानी पीकर विश्राम के लिये बैठा ही था, कि उसने सुना लोग आपस में रात की घटना की ही चर्चा कर रहे हैं। उनमें से किसी ने कहा:

"वो पापी किंग्ज़फोर्ड तो नहीं मरा इस बम से, अँग्रेज माँ-बेटी मारी गयीं।"

यह सुनकर खुदीराम को धक्का लगा। उसके मुँह से अनायास निकला:

"तो क्या किंग्ज़फोर्ड नहीं मरा?"

वहाँ पर अँग्रेज पुलिस के कुछ सिपाही और जासूस भी तैनात थे। खुदीराम की थकावट, उत्तेजना, उम्र के साथ-साथ उसका बाँग्ला लहजा व नंगे पाँव होने के कारण उन्होंने संदेह में तुरन्त उसे दबोच लिया। खुदीराम को किसी तरह के संघर्ष का भी अवसर नहीं मिला।

तलाशी लेने पर उनके पास दो पिस्तौल, सैंतीस कारतूस, तीस

रुपये तथा एक नक्शा भी मिला।

वीर किशोर क्रान्तिकारी को अँग्रेज पुलिस द्वारा गिरफ्तार कर लिया गया।

खुदीराम बोस जब पुलिस के बन्दी के रूप मुज़फ्फरनगर स्टेशन पहुँचे, वहाँ एक बड़ा जनसमुदाय इस किशोर क्रान्तिकारी की एक झलक देखने के लिये खड़ा था।

"खुदीराम बोस ज़िन्दाबाद"

तथा

"वन्दे मातरम्"

के जयघोष से देश की स्वतंत्रता के महासमर के इस वीर अभिमन्यु का अभिनन्दन किया।

इसी प्रकार क्रान्तिकारी युवक प्रफुल्ल चाकी को गिरफ्तार करवाने वाले अँग्रेज पुलिस के जासूस दरोगा नंदलाल बनर्जी की कोलकाता में क्रान्तिकारी संगठन के दो सदस्यों श्रीशचन्द्र पाल तथा गनेन्द्रनाथ गांगुली ने गोली मार कर हत्या कर दी। यह घटना 9 नवम्बर 1908 को घटी।

खुदीराम बोस पर अपर सत्र न्यायधीश एच. डब्ल्यू. कॉर्नडफ की अदालत में भारतीय दंड संहिता 302 के अन्तर्गत हत्या करने के आरोप में मुकदमा चलाया गया।

यह मुकदमा 8 जून 1908 को शुरू हुआ। जब खुदीराम को पुलिस अदालत लाती थी तो सड़क के दोनों तरफ खड़े लोग उनका ज़िन्दाबाद तथा वन्दे-मातरम् के नारों से स्वागत करते थे। इस बीच निर्भीक, प्रसन्नचित्त खुदीराम का वजन कई किलोग्राम बढ़ गया था।

खुदीराम ने अँग्रेज अदालत में अपना उद्देश्य स्पष्ट कर दिया:

"मैं चाहता हूँ आप अँग्रेज शासक हमारा देश छोड़कर वापस चले जाए। भारत हमारी मातृभृमि है। हम अपने देश को माता मानकर उसे आदर और स्नेह देते हैं।"

13 जून 1908 को अँग्रेज अदालत ने खुदीराम बोस की मातृभूमि के लिये सर्वोच्च बलिदान देने की इच्छा पूरी कर दी। उन्हें फाँसी की सज़ा दी गई। खुदीराम बोस ने निर्भीक भाव से न केवल सज़ा का स्वागत किया, बल्कि अपने शुभचिंतक वकीलों के सामने इच्छा व्यक्त की कि अच्छा हो उन्हें जल्दी ही मृत्युदंड दे दिया जाए। क्योंकि वे चाहते थे कि:

"हो जन्म दुबारा तो भारत वतन मिले,
फिर से यही हिमालय, गंगो-जमन मिले।"

दिनांक : 11 अगस्त 1908

समय : प्रात: छ: बजे

स्थान : मुज़फ्फरपुर कारागार

भारत की आज़ादी के महासमर युद्ध के इतिहास में पहली बार एक किशोर क्रान्तिकारी की शहादत दर्ज होने जा रही थी। किशोर खुदीराम एक हाथ में 'श्रीमद्भगवद् गीता' की प्रति तथा मुँह में 'वन्दे मातरम्' की वन्दना के साथ निडर भाव में फाँसी के तख्ते के पास खड़े थे। यह वही निर्भीक किशोर थे जिन्होंने 13 जून 1908 को फाँसी की सज़ा सुनाये जाने के बाद अँग्रेज न्यायधीश से परिहास में कहा था कि, वह अदालत को बम बनाने की विधि का ज्ञान देना चाहता है।

फाँसी के तख्ते पर भी उनका वही परिहास भाव बना हुआ था। पिछली रात जेलर ने उन्हें चार रसीले आम भेजे थे। उन्होंने वे आम खाने की इच्छा व्यक्त की। सिपाही बहुत सँभल कर वे आम लेकर आया। जब वे आम उन्हें खाने के लिये दिये गये, उपस्थित जनों ने पाया कि खुदीराम पिछली रात ही उन आमों का रस पी चुके हैं। रस पीने के बाद उन्होंने उन आमों में इस प्रकार हवा भर दी थी, जैसे वे खाये ही नहीं गये हैं। उनके इस किशोर-सुलभ परिहास पर इस तनाव की घड़ी में भी सब हँस दिये।

अपने इस लाडले क्रान्तिकारी किशोर को आज़ादी के रक्षाक्षेत्र में विदाई देने के लिये विशाल जनसमुदाय ''वन्दे मातरम्'' के नारों के साथ जेल के बाहर उपस्थित था।

खुदीराम अपने लम्बे घुँघराले काले बालों को उँगलियों से सँवारते हुए, मुस्कान के साथ वन्दे मातरम् गीत गुनगुनाते हुए कुछ इस तरह फाँसी के तख्ते की ओर बढ़ रहे थे; मानो सिपाही उन्हें नहीं, वे सिपाहियों को फाँसी के तख्ते पर ले जा रहे हों। खुदीराम ने अपनी इच्छा व्यक्त की:

''हाँसी हाँसी चोड़बो फाँसी
देखबे जगत बासी।
एक बार बिदाय दे माँ
आमि धूरे आसी॥''

18 वर्ष आठ महीने आठ दिन की आयु में खुदीराम बोस फाँसी के तख़्ते पर देश की आज़ादी के लिये शहीद हो गये।

लोकमान्य बाल गंगाधर तिलक ने बम-क्रान्ति तथा खुदीराम

बोस की शहादत पर कई लेख लिखे।

पुणे से प्रकाशित "मराठा" समाचार-पत्र में 10 मई 1908 को वे लिखते हैं:

"यह स्पष्ट प्रतीत होता है कि इन किशोरों ने अपनी आज़ादी के सपनों को जीवन रूप देने के लिये इस परम्परागत विप्लवी प्रयास को नहीं चुना। यह चरम प्रतिवाद को साकार रूप में प्रस्तुत करने के लिये चरम विद्रोह का मार्ग है। अगर पूर्ण विश्लेषण करें तो साफ पता चलता है कि इस प्रकरण के लिये अँग्रेज सरकार ही स्वयं उत्तरदायी है।"

लोकमान्य तिलक अपने मराठी समाचार पत्रपूना केसरी में 12 मई 1908 को प्रकाशित एक लेख में लिखते हैं:

लोकमान्य तिलक प्रेरणा स्रोत

"अँग्रेज शासकों द्वारा किये जा रहे अत्याचारों तथा कठोर दमन नीति के कारण ही बम-पार्टी बनी है। बंगालियों के धैर्य और उनकी सहनशक्ति को बार-बार चुनौती देने के कारण ही बंगाल की युवाओं में हिंसा अपनाने तथा बम विस्फोट की प्रवृत्ति आयी है। इसके लिये भारतीय राजनीतिक लेखन, भाषण नहीं बल्कि अँग्रेजी शासन की दिशाहीन नीतियाँ तथा हठधर्मिता ही उत्तरदायी हैं।"

इसी प्रकार की एक टिप्पणी 8 मई 1908 को मुम्बई से प्रकाशित मराठी अखबार "काल" में प्रकाशित हुई थी। इसके सम्पादक प्रखर राष्ट्रवादी शिवराम महादेव परांजये थे। उन्होंने लिखा था:

"जनता स्वतन्त्रता के लिये हर प्रयास के लिये उत्सुक है। यह जनता ब्रिटिश साम्राज्य के प्रशंसा गीतों के पक्ष में नहीं खड़ी है। बम विस्फोट का रास्ता अपनाने वाले आतंकवादी नहीं हैं। वे देश में अराजकता नहीं फैलाना चाहते हैं, वे भारत में भारतीयों का स्वराज्य भर चाहते हैं।"

लोकमान्य तिलक तथा शिवराम महादेव परांजये पर इन लेखों के कारण राजद्रोह का मुकदमा चलाया गया। तिलक जी को छः वर्ष की बर्मा की माँडले जेल की सज़ा सुनायी गयी। परांजये जी को भी उन्नीस महीनों की जेल की सज़ा सुनायी गयी थी।

पूरे देश में खुदीराम बोस के चित्र बाँटे गये। इनमें से कुछ पर राजद्रोह के मुकदमे भी चलाये गये। अपने एक व्याख्यान में साहित्यकार बालकृष्ण भट्ट को खुदीराम बोस को श्रद्धांजलि देने के आरोप में अपनी अध्यापक की नौकरी छोड़नी पड़ी। खुदीराम बोस के एक चित्र को मुंशी प्रेमचन्द ने अपने अध्ययन कक्ष की दीवार पर स्थान दिया था।

शिवराम महादेव परांजपे

खुदीराम बोस की शहादत का सबसे अधिक प्रभाव विद्यार्थियों पर पड़ा। पूरे देश के विद्यार्थियों में वन्दे-मातरम् तथा आनन्द मठ के पठन-पाठन में रुचि जागृत हो गयी। खुदीराम अपनी शहादत से इतने लोकप्रिय हो गये कि बंगाल में उनकी ख्याति में बाँग्ला लोकगीत गाये जाते थे। बंगाल के दस्तकार युवाओं के लिये एक खास धोती बुनते थे जिनकी किनारी पर 'खुदीराम' लिखा रहता था।

इतिहासकार वैलेंटाइन शिरोल के अनुसार बंगाल ही नहीं देश भर के युवाओं के लिये यह किशोर वीर शहीद और भी अनुकरणीय हो गया।

अमर शहीद किशोर खुदीराम बोस के प्रति कृतज्ञ राष्ट्र का शत शत नमन:

"हे वीरवर अभिमन्यु!
अब तुम हो यद्यपि सुरलोक में।
पर अन्त तक रोते रहेंगे हम तुम्हारे शोक में,
दिन-दिन तुम्हारी कीर्ति का विस्तार होगा विश्व में,
तब शत्रुओं के नाम पर धिक्कार होगा विश्व में।"

डाक टिकट पर खुदीराम

राष्ट्रकवि मैथिलीशरण गुप्त रचित संडकाव्य "जयद्रथ वध" के प्रथम सर्ग से।)

❑❑❑